知识产权
系列教材

全国知识产权教育培训指导纲要

国家知识产权局

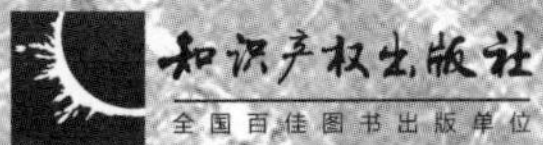

图书在版编目（CIP）数据

全国知识产权教育培训指导纲要/国家知识产权局编．—北京：知识产权出版社，2015.8

ISBN 978－7－5130－2557－7

Ⅰ.①全… Ⅱ.①国… Ⅲ.①知识产权—中国—教育培训—教材 Ⅳ.①D923.4

中国版本图书馆 CIP 数据核字（2015）第 025655 号

内容提要

本书为《全国知识产权教育培训指导纲要（修订版）》及《全国知识产权教育培训分类指导大纲（试行）》的合编指导手册，用于完善我国知识产权教育培训体系，加强知识产权人才队伍建设，为知识产权事业发展和知识产权强国建设提供支撑和保障。

责任编辑：卢海鹰　　**责任校对**：董志英

装帧设计：张　冀　　**责任出版**：刘译文

全国知识产权教育培训指导纲要

QUANGUO ZHISHICHANQUAN JIAOYU PEIXUN ZHIDAO GANGYAO

国家知识产权局

出版发行：知识产权出版社有限责任公司　　**网　　址**：http：//www. ipph. cn

社　　址：北京市海淀区马甸南村1号　　**邮　　编**：100088

责编电话：010－82000860转8122　　**责编邮箱**：lueagle@126. com

发行电话：010－82000860转8101/8102　　**发行传真**：010－82000893/82005070/82000270

印　　刷：北京富生印刷厂　　**经　　销**：各大网上书店、新华书店及相关专业书店

开　　本：787mm×1092mm　1/16　　**印　　张**：4.25

版　　次：2015年8月第1版　　**印　　次**：2015年8月第1次印刷

字　　数：53千字　　**定　　价**：18.00元

ISBN 978-7-5130-2557-7

出版权专有　侵权必究

如有印装质量问题，本社负责调换。

国家知识产权教材编委会

主　　任：申长雨

副 主 任：甘绍宁

委　　员：王景川　徐治江　王岚涛　吴汉东

李明德　马　浩　单晓光　陶鑫良

宋柳平　诸敏刚　马　放　高　康

《全国知识产权教育培训指导纲要》

本册主编：王岚涛　薛　丹　孙　玮

编　　写：袁真富　赵文经　黄光辉　杨雄文

伊　直　邓一凡　赵　勇　薛　松

孙桂敏　李　勋　王　玥　王亚琴

潘　威　周国星　陈君竹　郭小祯

胡振刚

序

党的十八届四中全会确立了依法治国的指导思想，并提出完善激励创新的产权制度、知识产权保护制度和促进科技成果转化的体制机制。30 年来，我国知识产权事业取得了举世公认的巨大成就，党中央、国务院高度重视知识产权事业发展，在 2014 年 11 月 5 日召开的国务院常务会议上，再一次全面部署了加强知识产权保护和运用，努力建设知识产权强国，助力创新创业、升级“中国制造”各项工作。建设知识产权强国意义重大，这既是我国知识产权事业发展到现阶段的必然选择，也是我国转变经济发展方式、全面建成小康社会、实现中华民族伟大复兴中国梦的必然要求。

在知识产权强国建设中，知识产权人才发挥着重要的支撑作用。作为我国人才队伍中的一支新生力量，知识产权人才是发现人才的人才、保护人才的人才、激励人才的人才，是我国经济社会发展急需紧缺的战略性资源。可以说，实现创新驱动发展，人才是基础；建设知识产权强国，人才是保障。“十二五”以来，全国知识产权培训工作蓬勃发展，为我国知识产权人才培养奠定了坚实的基础。全国知识产权系统大力开展针对党政领导干部、企事业单位、高校和科研机构、知识产权服务业等各级各类知识产权人才举办培训，推动了全国知识产权培训工作科学化、标准化和体系化发展，产生了良好的社会效应。

知识产权教材建设是知识产权人才培养与培训的基础性工

作，也是我国知识产权理论和实践成果的集中体现。国家知识产权局高度重视知识产权教材建设，自 2012 年启动教材编写工作以来，组织编写了一套具有权威性、实用性和系统性的精品教材，加强对企事业单位等实务型人才的培养，为知识产权人才培训提供服务。系列教材邀请了一批具有深厚学术功底和丰富实践经验的专家学者承担编写任务，同时广泛听取了各领域专家学者的意见建议，做到质量为先、字斟句酌。教材建设工作力求解决知识产权工作实际问题，推动我国知识产权人才队伍建设，为建设具有中国特色、具备世界水平的知识产权强国提供坚实的人才保证和智力支持。

申长雨

2014 年 12 月

目　　录

国家知识产权局关于印发《全国知识产权教育培训指导纲要（修订版)》的通知

国知发人字［2013］82 号

各省、自治区、直辖市、新疆生产建设兵团知识产权局；局机关各部门，专利局各部门，局直属各单位：

为进一步加强知识产权教育培训工作的科学化水平，不断提升知识产权人才队伍素质，提高知识产权人才服务经济社会发展能力，为国家经济社会发展和知识产权事业发展提供人才保证和智力支持，根据《国家中长期人才发展规划纲要（2010～2020年)》、《知识产权人才“十二五”规划（2011～2015年)》以及《关于加强知识产权人才体系建设的意见》精神，修订《全国知识产权教育培训指导纲要》，现予印发。

特此通知。

国家知识产权局

2013 年 11 月 27 日

全国知识产权教育培训指导纲要

（修订版）

为进一步增强知识产权教育培训工作的科学化水平，大幅提升知识产权人才队伍素质，提高知识产权人才服务经济社会发展能力，根据《国家中长期人才发展规划纲要（2010～2020年）》、《知识产权人才“十二五”规划（2011～2015年）》以及《关于加强知识产权人才体系建设的意见》精神，结合新形势新任务和工作实际，对2007年制定的《全国知识产权教育培训指导纲要》进行修订，制定本纲要。

一、知识产权教育培训工作的重要性和紧迫性

党的十八大明确提出要实施知识产权战略，加强知识产权保护，这对知识产权工作特别是教育培训工作提出了更高的要求。知识产权教育培训是建设一支高素质知识产权人才队伍的关键性工作，是加强和完善知识产权人才体系建设的重要内容和基础，是推动创新驱动发展战略、知识产权战略和专利事业发展战略实施的重要手段，是提高知识产权服务经济社会发展能力的重要保证，在加快建设创新型国家、推动知识产权事业发展的过程中具

有基础性的地位和作用。

“十二五”以来，全国知识产权系统高度重视知识产权教育培训工作，始终把教育培训工作作为知识产权事业发展全局中的一项重要内容抓紧抓实，不断完善培训制度、健全培训机制、丰富培训类型、创新培训方式、提高培训质量，初步形成了全方位、多领域、开放型的知识产权教育培训体系。各级各类知识产权教育培训机构充分发挥作用，知识产权教育培训工作取得了显著成效。

随着知识产权事业的不断发展以及知识产权教育培训需求的日益多样化和个性化，知识产权教育培训发展不均衡、针对性实效性不强、激励约束不够、优质培训资源相对不足等问题日益显现，制约了知识产权教育培训工作的科学发展。全国知识产权系统必须从全局和战略高度深刻认识教育培训工作的重要意义，进一步增强做好新形势下教育培训工作的责任感和紧迫感，切实提高知识产权教育培训质量和效益，推进知识产权教育培训工作全面发展。

二、指导思想、基本原则和主要目标

（一）指导思想

高举中国特色社会主义伟大旗帜，全面贯彻落实党的十八大精神，以邓小平理论、“三个代表”重要思想、科学发展观为指导，围绕促进知识产权人才体系建设，推动国家知识产权战略和全国专利事业发展战略实施，以建立健全知识产权教育培训体系为目标，以体制机制创新为重点，不断提高知识产权教育培训科学化水平，努力培养造就一支适应经济社会发展需要，具有良好能力素质和职业道德的知识产权人才队伍，为国家经济社会发展和知识产权事业发展提供人才保证和智力支持。

（二）基本原则

——服务大局、以人为本。适应知识产权事业发展的需要，强化各级各类知识产权人才在教育培训中的主体地位，充分满足人才的个性需求，真正做到干什么学什么、缺什么补什么，更好地为知识产权人才队伍建设服务。

——统筹兼顾、突出重点。统筹推进知识产权教育培训体制机制建设，促进各级知识产权教育培训工作协调联动，不断完善知识产权人才队伍分级分类培训体系，重点抓好高层次人才、企业和服务业等实务型人才的教育培训。

——注重实践、学用结合。树立以解决实际问题为导向的培训理念，按需设计课程，结合实际施教，切实提高知识产权教育培训解决实际问题的能力，提升教育培训工作的实效性。

——改革创新、提升质量。坚持将提高教育培训质量作为改革创新的基本要求，及时更新培训内容，不断改进培训方式，有效整合培训资源，全面夯实培训基础，切实增强教育培训的针对性。

（三）主要目标

到 2020 年，建立健全与国家经济社会发展和知识产权事业发展相适应，与知识产权人才队伍建设要求相符合，更加开放、更具活力、更有实效的知识产权教育培训体系。

——形成促进知识产权教育培训科学化、合理配置和有效利用各类优质培训资源、教育培训工作均衡发展、格局合理规划、网络教育培训规范高效的教育培训体制。

——形成遵循知识产权人才成长规律和教育培训规律、以培训需求为导向、培训计划不断完善、培训动力不断增强、培训考核评价更加完善、培训经费稳定增长的教育培训运行机制。

——形成适应知识产权工作科学发展新要求，教育培训管理人员队伍专业化，优秀培训师资充足，培训项目、培训课程和教材体系完备的教育培训支撑保障体系。

三、完善教育培训体制

（一）构建协调开放的教育培训格局。全国知识产权教育培训工作要统筹规划、齐抓共管、协同配合、共同发展。国家知识产权局应充分发挥宏观管理、统筹协调的重要作用，制定出台国家知识产权教育培训相关规划、政策。中国知识产权培训中心、国家知识产权培训基地和专利审查协作中心要大规模开展知识产权教育培训，逐步建立知识产权教育培训的长效机制。各地知识产权局要制订本地区教育培训计划，充分发挥当地培训机构的作用，将教育培训工作落到实处。鼓励和引导社会培训机构参与知识产权教育培训，积极开发利用国外优质教育培训资源开展教育培训。到2020年，基本建立更协调、更开放、更有活力的知识产权教育培训格局。

（二）优化整合教育培训资源。大力加强全国知识产权系统教育培训机构建设，充分发挥其在教育培训工作中的主阵地作用，有效利用培训基地、高等院校、社会培训机构等优质培训资源，形成布局合理、优势互补、竞争有序的知识产权教育培训机构网络。推动建立省级知识产权培训基地，加大经费投入，改善基础设施，不断适应新形势下教育培训工作的需要。通过完善竞争择优、优化整合、考核评估等机制，激发各级各类教育培训机构的办学活力，提高培训的质量和效益。到 2015 年，初步形成区域布局合理、品牌特色鲜明、影响辐射全国的培训基地体系。

（三）加快推动网络教育培训工作。适应信息技术迅猛发展的新形势，加强网络培训基础设施建设，推动知识产权网络教育培训，更好地满足多样化的培训需求。充分利用中国知识产权远程教育平台开展远程培训，积极整合现有网络培训资源，提高国家知识产权人才信息库的公共服务能力，实现开放、互动、高效、安全的人才资源公共信息共享机制。到 2020 年，建成开放、兼容、共享的知识产权网络培训体系。

四、健全运行机制

（一）建立健全教育培训计划统筹机制。全面推行培训需求调研制度，准确把握社会需求、岗位需求和人才需求，科学制订年度教育培训计划。坚持教育培训计划申报归口制度，增强教育培训计划的指导性和科学性。建立培训需求动态反馈和计划调整机制，使培训计划更具针对性和合理性。

（二）建立健全教育培训考核评价机制。高度重视教育培训考核评价机制建设，考评机制应贯穿于教育培训的整个环节。不断深化考核评价，对培训项目的筹备过程、实施过程和培训效果进行多角度、深层次、全过程评价。全国知识产权系统要立足知识产权教育培训工作的实际，研究制订教育培训质量考核评价办法和指标体系，定期开展评价，把评价结果作为改进培训工作、提高培训质量的重要依据。

（三）建立健全教育培训激励约束机制。要健全完善教育培训激励约束机制，充分激发广大知识产权人才的内生动力，运用多种激励方式增强学习兴趣，切实提高教育培训效果。教育培训工作要严格考核、严格奖惩，强化监督，切实改进教育培训学风作风。建立教育培训约束的长效机制，把日常监督与定期检查结合起来，激发人才的学习意识和争先意识，促进知识产权教育培训工作良好氛围的形成。

（四）完善教育培训经费保障机制。全国知识产权系统要加强教育培训经费投入，切实满足教育培训工作需要。要按照《全国知识产权人才专项经费管理办法》要求，加强全国知识产权人才培训专项经费管理，推进培训项目审计管理，确保专款专用。对重点培训项目给予优先保证，提高教育培训经费使用效益。要拓宽教育培训资金投入渠道，探索国家、社会、单位和个人相结合的多种经费投入方式，实现教育培训经费来源的多元化。

五、丰富内容体系，创新方式方法

（一）制订分类培训大纲。根据各类培训对象特点和岗位职责要求，按照分类指导的原则，分别就知识产权行政管理人员、企事业单位知识产权从业人员、知识产权中介服务人员、知识产权师资、党政领导干部、社会公众等制订分类培训大纲，为指导知识产权教育培训提供科学依据。培训大纲要充分考虑各类培训对象在品德、知识和能力等方面应具备的条件，明确培训目的、培训对象、培训方法、培训内容和要求等。

（二）完善培训内容体系。要贴近知识产权中心工作，适应当前形势任务的发展变化，着眼于提高知识产权人才素质和能力，根据不同类别、不同层次的培训对象的培训需求，确定清晰明确的培训目标，制订内容丰富、针对性强、操作性好的培训内容体系。推动培训内容更新，及时将知识产权领域的最新成果、实践经验、典型案例转化为培训内容，不断完善知识产权教育培训内容体系。

（三）大力创新培训方式方法。针对不同类型、不同层次知识产权人才的特点和实际需求，组织开展专业培训和岗位培训，引导人才树立终身学习意识。改进和完善常规培训班次设置。推广专题研讨、短期培训、小班教学，倡导挂职培训、分段培训、定制培训等，推动跨地区跨部门跨学校合作培训。加大案例教学比重，综合运用讲授式、研究式、案例式、模拟式、体验式等方法开展培训。高度重视推进中小学知识产权教育方式方法研究，培养青少年自主创新能力。

六、强化支撑保障

（一）加强师资队伍培养。高度重视师资队伍建设，按照素质优良、结构合理、专兼结合、比例适当的原则，充分发挥知识产权人才库人才的作用，积极参与知识产权教育培训工作。完善国内外进修、参加重大科研项目、挂职锻炼、实地调研相结合的教师知识更新机制。到 2020 年，建立一支 1000 人左右的高水平知识产权培训师资队伍。

（二）加大教材建设力度。要加大知识产权教材开发力度，不断完善政府推动与社会参与相结合的教材开发机制，加强教材使用管理和检查评估，提高人才培训的质量和效果。国家知识产权局开展知识产权培训教材编写工作，加快推出一批系列精品知识产权教材。各地知识产权局要建立以人才需求为导向，与当地社会经济发展相适应，系统、科学、规范的培训教材建设流程和管理制度，并在实践中不断加以完善。到 2015 年，出版一批针对性强、实用性高、内容全面的知识产权培训教材。

（三）提升教育培训管理人员水平。要不断加强对知识产权教育培训管理人员培训，通过经验交流、专题研讨、课题研究、自学等形式，深入开展面向知识产权管理人员的培训理论和现实问题研究，积极探索教育培训规律，提高教育培训管理人员综合素质和专业化水平。要注重培养和充实培训业务骨干，优化队伍结构，建设一支懂培训、善组织、会管理的教育培训管理人员队伍。

七、加强宏观管理

（一）加强组织管理。充分发挥国家知识产权局人才工作领导小组核心作用，在各省级知识产权局建立健全人才工作联络员制度，设专人负责知识产权教育培训工作，形成领导小组核心领导、统揽全局、协调各方，全国知识产权系统各司其职、分工协作、密切配合，社会各方力量积极参与的工作格局，推动建立上下联动、协同配合的工作机制，确保教育培训工作各项任务落到实处。

（二）加强统筹协调。充分发挥国家知识产权局统筹协调的作用，做好知识产权培训计划的制订，开展教育培训工作研究。各地知识产权局要加强对教育培训工作的指导，通过经验交流、专题研讨、课题研究等形式，鼓励教育培训机构大胆探索，深入开展培训理论和现实问题研究，积极探索教育培训规律，认真总结推广好的做法和经验。

（三）加强督促检查。加强教育培训的督促检查工作，就教育培训工作有重点、有针对性地开展督办，发现工作中存在的问题、面临的困难，研究解决办法，推动教育培训工作落到实处。各地知识产权局要建立健全教育培训考核检查机制，加强培训督查，做到有部署，有落实，有检查，有总结。

国家知识产权局办公室关于印发《全国知识产权教育培训分类指导大纲（试行）》的通知

国知办函办字［2014］517号

各省、自治区、直辖市、新疆生产建设兵团知识产权局；局机关各部门，专利局各部门，局直属各单位、各社会团体：

为完善知识产权教育培训体系，加强知识产权人才队伍建设，为知识产权事业发展和知识产权强国建设提供支撑和保障，制定《全国知识产权教育培训分类指导大纲（试行）》，经局批准，现予印发，请遵照执行。

特此通知。

国家知识产权局办公室

2014年12月15日

全国知识产权教育培训分类指导大纲

（试行）

为完善知识产权教育培训体系，加强知识产权人才队伍建设，为知识产权事业发展和知识产权强国建设提供支撑和保障，根据《全国知识产权教育培训指导纲要》制定本大纲。大纲旨在进一步加强对知识产权教育培训工作的分类指导，促进知识产权教育培训工作科学化、标准化、规范化发展。

根据培训对象特点和岗位职责要求的不同，按照分类指导的原则，大纲将培训对象分为六大类，包含知识产权行政管理和执法人员、企事业单位知识产权从业人员、知识产权服务业人员、知识产权师资、领导干部和社会公众等。在充分考虑不同类别、不同层级培训对象特点的基础上，着眼于提高知识产权人才素质和能力，尽可能整体考虑培训对象的现有基础和未来发展需要，确定清晰明确的培训目标，制订内容丰富、针对性强、操作性强的培训内容，选择灵活多样的培训方式方法，建立既能满足学员普遍性需求，又能尊重学员个性化需要的知识产权培训体系。

一、针对知识产权行政管理和执法人员的教育培训体系设计

知识产权行政管理和执法人员培训对象包括知识产权行政管理人员和知识产权行政执法人员。根据培训对象的工作内容、职责要求和职业特点，按照初、中、高三级划分内容层级，形成知识产权行政管理和执法人员的教育培训体系设计。

（一）知识产权行政管理人员

1. 培训目标

初级培训目标：了解知识产权制度的重要作用和知识产权战略的重要意义，掌握知识产权及相关法律法规的基础知识，具备从事知识产权行政管理工作的基本素质和能力。

中级培训目标：全面了解知识产权制度的框架体系和主要内容，熟悉知识产权战略的发展目标和主要内容，具备独立从事知识产权行政管理工作的素质和能力。

高级培训目标：能够熟练运用知识产权法律法规，能够深入贯彻实施国家和地方知识产权战略，具备研判国内外知识产权制度与实践发展趋势的能力，具备知识产权管理决策和公共服务创新的能力。

2. 培训内容

培训模块	主要内容		
	初　级	中　级	高　级
知识产权法律知识模块	专利法基础、商标法基础、著作权法基础、商业秘密保护基础、反不正当竞争法基础、知识产权相关国际条约概述、知识产权相关法律法规基础等	知识产权司法保护、知识产权行政保护法律法规、行政处罚法、行政诉讼法、专利复审与无效实务、知识产权典型案例分析、世界主要国家和地区知识产权法律法规等	知识产权立法与司法前沿问题研究、国际知识产权保护规则与发展动态、知识产权侵权专题等
知识产权行政管理实务模块	知识产权行政管理基础、专利申请及审批程序概述、知识产权行政执法程序、知识产权实施与运营管理、知识产权行政保护实务等	知识产权行政管理实务、知识产权信息利用、专利导航应用、展会知识产权保护、相关知识产权申请与审批实务、知识产权评估与质押融资实务、知识产权诉讼实务、知识产权许可转让实务、知识产权案例分析、知识产权分析评议、知识产权新闻宣传业务等	知识产权行政管理研究、专利商标行政确权争议处理、知识产权侵权纠纷研究、知识产权许可转让研究、专利导航政策与理论、知识产权质押融资研究、知识产权公共服务发展研究、国际知识产权管理前沿问题研究等

续表

培训模块	主要内容		
	初　级	中　级	高　级
知识产权战略规划模块	知识产权基本制度和宏观政策介绍、国内外知识产权形势介绍、国家和地方知识产权战略概述、企事业单位知识产权战略规划浅析、知识产权文化培育概论等	国家知识产权战略解析、区域知识产权战略规划与实施、行业知识产权政策制定探析、企事业单位知识产权战略规划制定和实施、知识产权文化建设、知识产权标准化管理、国家经济发展趋势浅析等	国内外知识产权发展形势研究、国家经济科技发展趋势及政策研究、知识产权强国建设及战略实施专题、知识产权与经济发展的融合、政府知识产权扶持政策研究、企事业单位知识产权战略建设实例分析、高新技术产业知识产权政策研究、文化创意产业的知识产权战略制定研究、中小微企业知识产权扶持政策研究等

3. 培训方式

以面授培训与远程培训为主开展专题培训，辅以研讨、模拟教学、国际交流等其他方式开展教学。

4. 师资选择

知识产权法律知识模块建议选择具有丰富知识产权法律知识和理论基础的专家学者，国家知识产权专家库专家，全国知识产权师资信息平台师资等。

知识产权行政管理实务模块建议选择政府机构、高校等部门中具有丰富知识产权行政管理经验的专家学者，国家知识产权专家库专家，全国知识产权领军人才，全国知识产权师资信息平台师资等。

知识产权战略规划模块建议选择政府机构、企事业单位、高校等部门中具有丰富知识产权战略规划与实施经验的专家学者，国家知识产权专家库专家，全国知识产权领军人才，全国知识产权师资信息平台师资等。

5. 考核方式

笔试、论文撰写、总结报告等。

6. 课时要求

培训总课时应不少于 30 课时。每一模块的培训课时应不少于 10 课时。

（二）知识产权行政执法人员

1. 培训目标

初级培训目标：了解知识产权法律知识，了解知识产权行政执法程序，具备从事知识产权行政执法工作的基本能力。

中级培训目标：熟练掌握和运用知识产权法律政策，熟悉知识产权行政执法程序，具备独立从事知识产权行政执法工作的能力。

高级培训目标：具备熟练掌握和判断国内外知识产权法律制度与执法实践发展形势与趋势的能力，具备处理重大疑难知识产权行政执法案件的能力。

2. 培训内容

培训模块	主要内容		
	初　级	中　级	高　级
知识产权法律知识模块	专利法基础、商标法基础、著作权法基础、商业秘密保护基础、反不正当竞争法基础、知识产权相关国际条约概述、知识产权相关法律法规基础等	知识产权司法保护、知识产权行政保护法律法规、行政处罚法、行政诉讼法、民事诉讼法、专利复审与无效实务、知识产权典型案例分析、世界主要国家和地区知识产权法律法规等	知识产权立法与司法前沿问题研究、国际知识产权保护规则与发展动态、知识产权侵权专题等
知识产权执法实务模块	知识产权行政管理基础、知识产权行政保护基础、知识产权行政执法工作程序、与贸易有关的知识产权协议、海关知识产权保护基础、中国知识产权保护现状、地方知识产权行政法规介绍、展会知识产权保护办法等	知识产权行政管理实务、知识产权信息利用、知识产权行政保护案例分析、知识产权侵权救济、知识产权行政诉讼实务、专利侵权案例分析、专利侵权纠纷调处专题、与贸易有关的知识产权案例分析、商业秘密司法鉴定实务等	知识产权行政管理研究、知识产权执法前沿问题研究、知识产权交易纠纷处理研究、知识产权行政诉讼现状与趋势、国际知识产权执法专题、反不正当侵权行为专题、地理标志和植物新品种侵权行为专题等

3. 培训方式

以面授培训与远程培训为主开展专题培训，辅以研讨、模拟教学、国际交流等其他方式开展教学。

4. 师资选择

知识产权法律知识模块建议选择具有丰富知识产权法律知识和理论基础的专家学者，国家知识产权专家库专家，全国知识产权师资信息平台师资等。

知识产权执法实务模块建议选择政府机构、高校等部门中具有丰富知识产权法律知识和理论基础的专家学者，具有丰富知识产权执法经验的行政执法人员，国家知识产权专家库专家，全国知识产权师资信息平台师资等。

5. 考核方式

笔试、论文撰写、总结报告等。

6. 课时要求

培训总课时应不少于 20 课时。每一模块的培训课时应不少于 10 课时。

二、针对企事业单位知识产权从业人员的教育培训体系设计

企事业单位知识产权从业人员培训对象包括知识产权管理人员、知识产权法务人员和技术研发人员。根据培训对象的工作内容、职责要求和职业特点，知识产权管理人员和知识产权法务人员划分为初、中、高三级内容层级，技术研发人员不划分层级，形成企事业单位知识产权从业人员的教育培训体系设计。

（一）企事业单位知识产权管理人员

1. 培训目标

初级培训目标：了解知识产权及相关法律法规基础知识，掌

握企事业单位知识产权管理基础知识，了解知识产权申请实务，具备从事知识产权管理工作的基本能力。

中级培训目标：熟悉知识产权法律法规及相关制度，了解企事业单位知识产权战略规划制订与实施的相关知识，熟练掌握知识产权管理知识及实务技能，能够独立从事知识产权管理工作。

高级培训目标：具备知识产权战略思维和战略决策能力，具备控制和防范知识产权风险的能力，能够熟练制定和实施企事业单位知识产权战略规划，具备利用知识产权推动业务经营与发展的能力素质。

2. 培训内容

培训模块	主要内容		
	初　级	中　级	高　级
知识产权法律知识模块	专利法基础、商标法基础、著作权法基础、商业秘密保护基础、反不正当竞争法基础、知识产权行政法规、知识产权相关国际条约概述、知识产权相关法律法规基础等	专利审查指南、专利代理条例、商标审查及审理标准、商标代理管理办法、知识产权司法保护、知识产权行政保护、知识产权诉讼典型案例分析等	知识产权及相关法律司法解释、知识产权立法与司法前沿问题研究、知识产权相关法律前沿问题研究、我国知识产权政策研究、我国知识产权保护制度研究、国际知识产权保护规则与发展动态、知识产权侵权问题专题等

续表

培训模块	主要内容		
	初 级	中 级	高 级
知识产权管理实务模块	企事业知识产权管理制度的建立、知识产权流程管理、知识产权法律风险防范基础、知识产权合同概述、知识产权许可与转让概述、知识产权投融资基础、知识产权评估与价值分析基础、知识产权营销基础、展会知识产权保护基础、国际贸易中的知识产权保护等	知识产权扶持政策解读、企业知识产权管理规范详解、网络环境下的知识产权保护和利用、商业秘密管理、知识产权合同撰写与法律审查、知识产权许可与转让实务、专利导航应用、知识产权评估与价值分析实务、知识产权与金融创新、知识产权风险预警实务等	企事业知识产权管理制度建设研究、专利转化和产业化、知识产权尽职调查、上市公司知识产权管理、国际知识产权管理前沿问题研究、知识产权资本化运营研究、专利导航政策与理论、知识产权投融资典型案例研究、商业投资与知识产权管理、知识产权金融信用评价体系研究、商务谈判技巧等
知识产权申请确权业务模块	专利申请程序、专利复审与无效流程、技术交底书撰写、商标注册与续展程序、版权登记流程、地理标志申请程序、动植物新品种申请流程、集成电路布图设计登记程序、知识产权信息检索等	专利申请文件撰写要求、专利审查意见答复实务、专利复审无效与侵权实务、商标复审与争议实务、知识产权信息分析利用等	专利布局与申请策略、商标注册策略、专利申请文件质量评估实务、专利国际申请实务、商标国际注册实务、专利撰写与答复技巧、专利无效请求答辩技巧等

续表

培训模块	主要内容		
	初　级	中　级	高　级
知识产权战略规划模块	知识产权基本制度和宏观政策介绍、国内外知识产权形势介绍、国家和地方知识产权战略概述、企事业单位知识产权战略规划与实施、知识产权文化培育概论、国家经济发展趋势浅析等	国家经济科技发展趋势及政策研究、区域知识产权战略规划与实施、行业知识产权政策探析、企事业单位知识产权战略规划实例分析、知识产权标准化管理等	国内外知识产权发展形势研究、知识产权强国建设及战略实施专题、知识产权与经济发展的融合、知识产权与企业发展战略等

3. 培训方式

以面授培训与远程培训为主开展专题培训，辅以研讨、模拟教学、国际交流等其他方式开展教学。

4. 师资选择

知识产权法律知识模块建议选择具有丰富知识产权法律知识和理论基础的专家学者，国家知识产权专家库专家，全国知识产权师资信息平台师资等。

知识产权管理实务模块建议选择企事业单位、高校等部门中具有丰富知识产权管理和运用经验的专家学者，国家知识产权专家库专家，全国知识产权领军人才，全国知识产权师资信息平台师资等。

知识产权申请确权业务模块建议选择具有丰富知识产权申请与确权实务经验的专家学者、知识产权审查人员和代理人，国家知识产权专家库专家，全国知识产权师资信息平台师资等。

知识产权战略规划模块建议选择政府机构、企事业单位、高校等部门中具有丰富知识产权战略规划与实施经验的专家学者，国家知识产权专家库专家，全国知识产权领军人才，全国知识产权师资信息平台师资等。

5. 考核方式

笔试、论文撰写、实际操作、总结报告等。

6. 课时要求

培训总课时应不少于60课时。每一模块的培训课时应不少于15课时。

（二）企事业单位知识产权法务人员

1. 培训目标

初级培训目标：了解知识产权及相关法律法规基础知识，了解知识产权法律实务基本规范和要求，具备从事事务性知识产权法务工作的能力。

中级培训目标：熟悉知识产权制度，熟练掌握知识产权法律实务技能，全面了解企事业单位法务工作中的知识产权法律法规，具备独立开展知识产权法务工作的能力。

高级培训目标：全面了解国内外知识产权相关政策，熟练运用知识产权法律法规，精通知识产权法律实务，具备处理知识产权疑难或重大法律问题的能力，具备带领知识产权法律服务团队的能力素质。

2. 培训内容

培训模块	主要内容		
	初　级	中　级	高　级
知识产权法律知识模块	专利法基础、商标法基础、著作权法基础、商业秘密保护基础、反不正当竞争法基础、知识产权行政法规、知识产权相关国际条约概述、民商法概论、合同法基础、公司法基础、金融法基础、诉讼法基础、知识产权相关法律法规基础等	专利法解读、专利审查指南基础、商标审查及审理标准、知识产权民事诉讼典型案例分析、知识产权行政诉讼典型案例分析、知识产权刑事诉讼典型案例分析、合同法解析、我国技术转移相关法律法规、行政处罚法、行政诉讼法、世界主要国家和地区知识产权法律法规等	知识产权确权规则与发展动态、知识产权侵权问题专题、知识产权立法与司法前沿问题研究、知识产权及相关法律前沿问题研究、我国知识产权政策研究、我国知识产权保护制度研究、国际知识产权保护规则与发展动态等
知识产权诉讼业务模块	知识产权司法保护基础、知识产权行政保护基础、专利诉讼程序介绍、民事诉讼基础、行政诉讼基础、刑事诉讼基础、民事诉讼证据规则、行政诉讼证据规则、刑事诉讼证据规则等	知识产权民事诉讼实务、知识产权行政诉讼实务、知识产权侵权判定实务、知识产权合同纠纷浅析、知识产权诉讼证据调查实务、网络环境下的知识产权保护实务等	知识产权诉讼攻防策略、知识产权诉讼谈判策略、知识产权侵权纠纷研究、知识产权合同纠纷研究、知识产权仲裁制度研究、国内外知识产权诉讼典型案例分析、国际贸易中的知识产权保护等

续表

培训模块	主要内容		
	初　级	中　级	高　级
知识产权非诉业务模块	专利申请程序基础、商标注册与续展程序、版权登记程序基础、地理标志申请基础、动植物新品种登记申请程序、知识产权许可转让基础、知识产权价值评估基础、知识产权法律风险防范基础、知识产权纠纷非诉解决机制基础、知识产权合同概述、知识产权法律文书撰写基础等	专利申请实务、专利复审与无效实务、国际专利申请的受理与审批、专利撰写质量控制实务、商标申请实务、版权登记实务、商标复审与争议实务、知识产权司法鉴定实务、知识产权侵权风险防范、知识产权纠纷非诉解决机制实务、知识产权合同撰写与法律审查等	专利申请策略、商标注册策略、政府知识产权扶持政策研究、知识产权纠纷非诉解决机制研究、知识产权确权典型案例研究、知识产权转让许可案例研究、知识产权质押融资案例研究、专利价值评估、企业并购中的知识产权问题研究、知识产权保险实务、上市公司知识产权管理等

3. 培训方式

以面授培训与远程培训为主开展专题培训，辅以研讨、模拟教学、国际交流等其他方式开展教学。

4. 师资选择

知识产权法律知识模块建议选择具有丰富知识产权法律知识和理论基础的专家学者，国家知识产权专家库专家，全国知识产权师资信息平台师资等。

知识产权诉讼业务模块建议选择具有丰富知识产权法律知识的高校师资，具有丰富知识产权诉讼经验的法官、律师、代理人，全国知识产权师资信息平台师资等。

知识产权非诉业务模块建议选择政府机构、企事业单位、高校等部门中具有深厚知识产权政策理论知识和管理实务经验的专家学者，具有丰富知识产权非诉业务经验的律师、代理人，国家知识产权专家库专家，全国知识产权师资信息平台师资等。

5. 考核方式

笔试、论文撰写、总结报告等。

6. 课时要求

培训总课时应不少于 120 课时。每一模块的培训课时应不少于 40 课时。

（三）企事业单位技术研发人员

1. 培训目标

了解国内外知识产权法律法规基础知识，了解知识产权申请确权流程，初步具备知识产权检索、撰写等实务能力。

2. 培训内容

培训模块	主要内容
知识产权法律知识模块	专利法基础知识、商标法基础知识、相关知识产权法律基础知识、科技法基础、知识产权相关国际条约概述、世界主要国家和地区知识产权法概述、前沿技术的专利申请、职务发明条例介绍、知识产权与创新文化等
知识产权申请确权业务模块	专利申请基础、技术交底书撰写基础、专利申请文件撰写基础、商标注册程序及手续、专利检索工具使用指导、国内外专利信息检索等

3. 培训方式

以远程培训为主开展专题培训，辅以面授培训、会议研讨、模拟教学等其他方式。

4. 师资选择

知识产权法律知识模块建议选择具有丰富知识产权法律知识和理论基础的专家学者，国家知识产权专家库专家，全国知识产权师资信息平台师资等。

知识产权申请确权业务模块建议选择具有丰富知识产权申请与确权实务经验的专家学者、知识产权审查人员和代理人，国家知识产权专家库专家，全国知识产权师资信息平台师资等。

5. 考核方式

在线考核、总结报告等。

6. 课时要求

培训总课时应不少于 10 课时。每一模块的培训课时应不少于 5 课时。

三、针对知识产权服务业人员的教育培训体系设计

知识产权服务业人员培训对象包括知识产权代理服务从业人员、知识产权法律服务从业人员、知识产权信息服务从业人员、知识产权咨询服务从业人员、知识产权商用化服务从业人员和知识产权培训服务从业人员。根据培训对象的工作内容、职责要求和职业特点，按照初、中、高三级划分内容层级，形成知识产权服务业人员的教育培训体系设计。

（一）知识产权代理服务从业人员

1. 培训目标

初级培训目标：了解知识产权代理服务的职责要求，了解国

内外知识产权及相关法律法规的基础知识，熟悉知识产权代理业务的操作流程与基本技能，具备开展知识产权代理业务的基本能力。

中级培训目标：熟悉我国知识产权及相关法律法规知识，熟练掌握知识产权代理的业务技能，具备一定的业务分析能力和涉外代理服务能力，能够独立提供知识产权代理服务。

高级培训目标：能够对国内外知识产权代理业务相关政策进行深度解读，熟练运用知识产权代理实务的策略和技巧提供高质量的知识产权代理及相关服务，具备带领知识产权代理服务团队的能力。

2．培训内容

培训模块	主要内容		
	初　级	中　级	高　级
知识产权法律知识模块	专利法基础、商标法基础、著作权法基础、商业秘密保护基础、反不正当竞争法基础、知识产权相关国际条约概述、知识产权相关法律法规基础、行业职业道德规范概述等	知识产权司法保护、知识产权行政保护法律法规、专利审查指南、专利代理条例、专利代理管理办法、专利代理惩戒规则、商标审查及审理标准、商标代理管理办法、知识产权司法解释、知识产权典型案例分析、世界主要国家和地区知识产权法律法规等	知识产权立法与司法前沿问题研究、我国知识产权政策研究、国际知识产权确权规则与发展动态、知识产权侵权专题、知识产权服务新模式研究等

续表

培训模块	主要内容		
	初　级	中　级	高　级
知识产权代理业务模块	专利申请程序、专利复审与无效流程、技术交底书撰写、商标注册与续展程序、版权登记流程、植物新品种申请流程、集成电路布图设计登记程序等	专利申请文件撰写要求、授予专利权的实质性条件与专利三性判断实务、专利审查意见答复实务、专利复审与无效实务、专利国际申请实务、商标国际注册实务、商标复审与争议实务、知识产权法律文书翻译、专利代理业务拓展、专业技术前沿等	专利布局与申请策略、专利撰写与答复技巧、专利无效请求与答辩技巧、商标注册策略、品牌营销与商标规范、商务谈判技巧、客户沟通技巧等
知识产权信息检索与利用模块	专利信息检索概论、常用专利信息检索工具介绍、非专利信息检索工具介绍、商标信息检索基础等	专利信息利用、常用检索模式详解、主要专利检索系统使用详解、专利信息检索技巧、世界主要发达国家和地区专利文献与信息检索详解、商标检索技巧等	专利信息利用案例解析、专利信息分析与技术研发决策、商标信息利用案例解析、世界主要发达国家知识产权信息利用、大数据等新信息技术发展与服务模式、专利大数据分析工具应用及分析模型等

3. 培训方式

以面授培训与远程培训为主开展专题培训，辅以研讨、实习、模拟教学、国际交流等其他方式开展教学。

4. 师资选择

知识产权法律知识模块建议选择具有丰富知识产权法律知识

和理论基础的专家学者，国家知识产权专家库专家，全国知识产权师资信息平台师资等。

知识产权代理业务模块建议选择具有丰富知识产权审查和代理经验的专家学者，国家知识产权专家库专家，全国知识产权师资信息平台师资等。

知识产权信息检索与利用模块建议选择具有丰富知识产权信息检索与利用经验的专家学者、知识产权审查人员、信息分析人员和代理人，国家知识产权专家库专家，全国知识产权师资信息平台师资等。

5. 考核方式

笔试、在线考核、论文撰写、总结报告等。

6. 课时要求

培训总课时应不少于 145 课时。知识产权法律知识模块的培训课时应不少于 40 课时，知识产权代理业务模块的培训课时应不少于 60 课时，知识产权信息检索与利用模块的培训课时应不少于 45 课时。

（二）知识产权法律服务从业人员

1. 培训目标

初级培训目标：了解知识产权法律服务的职责要求，了解国内外知识产权及相关法律法规的基础知识，具备从事诉讼、非诉等知识产权法律服务的基本能力。

中级培训目标：全面了解国内外知识产权法律法规，熟练掌握知识产权法律服务相关知识及业务技能，具备一定的案例分析能力，具备处理知识产权法律问题的基本能力和技巧，具备独立开展知识产权法律服务业务的能力。

高级培训目标：深度掌握国内外知识产权相关政策，精通诉讼、侵权、保护等知识产权法律业务，能够对疑难或重大法律问题提供高质量的支持和指导，具备独立完成知识产权法律业务谈判的能力，具备带领知识产权法律服务团队的能力。

2. 培训内容

培训模块	主要内容		
	初　级	中　级	高　级
知识产权法律知识模块	专利法基础、商标法基础、著作权法基础、商业秘密保护基础、反不正当竞争法基础、知识产权行政法规、知识产权相关国际条约概述、民商法基础、合同法基础、诉讼法基础等	专利法解读、专利审查指南基础、知识产权司法解释、知识产权民事诉讼典型案例分析、知识产权行政诉讼典型案例分析、知识产权刑事诉讼典型案例分析、世界主要国家和地区知识产权法律法规等	知识产权立法与司法前沿问题研究、知识产权相关法律前沿问题研究、我国知识产权政策研究、我国知识产权保护制度研究、国际知识产权保护规则与发展动态、知识产权侵权问题专题等
知识产权诉讼业务模块	专利诉讼程序介绍、知识产权司法保护基础、知识产权行政保护基础、民事诉讼基础、行政诉讼基础、刑事诉讼基础、民事诉讼证据规则、行政诉讼证据规则、刑事诉讼证据规则等	知识产权民事诉讼实务、知识产权行政诉讼实务、知识产权刑事诉讼实务、知识产权侵权判定实务、知识产权合同纠纷浅析、知识产权诉讼证据调查实务、知识产权民事及行政诉讼案例解析、网络环境下的知识产权保护实务等	知识产权诉讼攻防策略、知识产权诉讼谈判策略、知识产权侵权纠纷研究、知识产权合同纠纷研究、知识产权仲裁制度研究、国内外知识产权诉讼典型案例分析、国际贸易中的知识产权保护等

续表

培训模块	主要内容		
	初　级	中　级	高　级
知识产权非诉业务模块	专利申请程序基础、商标注册与续展程序、版权登记程序基础、植物新品种登记申请程序、知识产权法律顾问业务概述、知识产权许可转让基础、知识产权价值评估基础、知识产权法律风险防范基础、知识产权纠纷非诉解决机制基础、知识产权合同概述、知识产权法律文书撰写基础等	专利申请实务、专利复审与无效实务、商标申请实务、版权登记实务、知识产权司法鉴定实务、知识产权质押融资实务、知识产权许可与转让实务、知识产权侵权风险防范、知识产权纠纷非诉解决机制实务、知识产权合同撰写与法律审查、知识产权有关法律文书撰写、业务拓展模式浅析等	知识产权确权典型案例研究、知识产权纠纷非诉解决机制研究、知识产权转让许可案例研究、知识产权质押融资案例研究、企业并购中的知识产权问题研究、上市公司知识产权管理、知识产权服务新模式研究、商务谈判技巧、客户沟通技巧等

3. 培训方式

以面授培训与远程培训为主开展专题培训，辅以研讨、实习、模拟教学、国际交流等其他方式开展教学。

4. 师资选择

知识产权法律知识模块建议选择具有丰富知识产权法律知识和理论基础的专家学者，国家知识产权专家库专家，全国知识产权师资信息平台师资等。

知识产权诉讼业务模块建议选择具有丰富知识产权法律知识的高校师资，具有丰富知识产权诉讼经验的法官、律师、代理人，全国知识产权师资信息平台师资等。

知识产权非诉业务模块建议选择政府机构、企事业单位、高校等部门中具有深厚知识产权政策理论知识和知识产权管理实务经验的专家学者，具有丰富知识产权非诉业务经验的律师、代理人，国家知识产权专家库专家，全国知识产权师资信息平台师资等。

5. 考核方式

笔试、在线考核、论文撰写、总结报告等。

6. 课时要求

培训总课时应不少于120课时。每一模块的培训课时应不少于40课时。

（三）知识产权信息服务从业人员

1. 培训目标

初级培训目标：了解知识产权信息服务的职责要求，了解国内外知识产权及相关法律法规的基础知识，具备知识产权信息分析加工的基本技能，具备开展知识产权信息服务业务的基本能力。

中级培训目标：了解国内外知识产权相关制度，熟练运用知识产权检索策略与技巧，熟练掌握知识产权信息利用的业务技能，具备独立开展知识产权信息服务的能力。

高级培训目标：深度掌握国内外知识产权相关政策，精通知识产权检索与信息利用技巧，能够熟练利用知识产权信息为客户提供高质量的知识产权信息服务，能够独立带领团队为客户完成复杂度高的知识产权分析工作。

2. 培训内容

培训模块	主要内容		
	初　级	中　级	高　级
知识产权法律知识模块	专利法基础、商标法基础、著作权法基础、商业秘密保护基础、反不正当竞争法基础、信息安全法律法规、知识产权相关国际条约概述、知识产权相关法律法规基础等	知识产权保护概论、专利审查相关知识、商标审查相关知识、知识产权典型案例分析、世界主要国家和地区知识产权法律法规等	国家知识产权相关政策研究、世界主要国家和地区知识产权信息利用与共享机制研究、知识产权前沿问题研究、国际知识产权发展动态、知识产权侵权问题研究、知识产权服务新模式研究等
知识产权信息检索与加工模块	信息技术概论、专利信息与技术创新、专利信息检索、专利数据加工基础、商标信息检索、常用信息检索技术运用、知识产权信息服务平台介绍、知识产权文献翻译基础等	知识产权信息检索技巧、专利检索系统详解、技术情报检索、专利性检索、侵权检索、著录项目检索、知识产权文献翻译等	专利信息在经济发展中的作用和运用、世界主要发达国家和地区知识产权信息检索、专利情报提供与收集研究、专利信息检索策略研究、专利数据库建设与检索工具架构、专利大数据分析工具应用及分析模型等

续表

培训模块	主要内容		
	初　级	中　级	高　级
知识产权信息分析与运用模块	知识产权信息分析基础、常用知识产权信息分析工具介绍、知识产权信息与企业研发、企业管理中的知识产权信息运用、转让许可过程中的知识产权信息分析、专利信息分析与资本化运作、商标信息分析基础等	知识产权尽职调查、知识产权侵权分析与风险防范、专利地图制作、行业知识产权信息分析、竞争对手知识产权信息分析、专利导航应用、专利信息技术分析、专利信息市场分析、专利信息法律分析等	企业经营管理中的知识产权信息运用研究、专利组合中的信息运用研究、投融资过程中的知识产权信息运用、知识产权转让许可中的信息运用研究、专利导航政策与理论、大数据等新信息技术发展与服务模式等

3. 培训方式

以面授培训与远程培训为主开展专题培训，辅以研讨、实习、模拟教学、国际交流等其他方式开展教学。

4. 师资选择

知识产权法律知识模块建议选择具有丰富知识产权法律知识和理论基础的专家学者，国家知识产权专家库专家，全国知识产权师资信息平台师资等。

知识产权信息检索与加工模块建议选择具有丰富知识产权信息检索与加工经验的专家学者、知识产权审查人员、信息分析人员和代理人，国家知识产权专家库专家，全国知识产权师资信息平台师资等。

知识产权信息分析与运用模块建议选择具有丰富知识产权信息分析与运用经验的专家学者、知识产权信息分析人员，国家知识产权专家库专家，全国知识产权师资信息平台师资等。

5. 考核方式

在线考核、论文撰写、总结报告等。

6. 课时要求

培训总课时应不少于 75 课时。每一模块的培训课时应不少于 25 课时。

（四）知识产权咨询服务从业人员

1. 培训目标

初级培训目标：了解知识产权咨询服务的职责要求，了解国内外知识产权及相关法律法规的基础知识，具备提供申请、诉讼和知识产权管理与实务方面咨询服务的基本能力。

中级培训目标：全面了解国内外知识产权及相关法律法规知识，具备提供知识产权战略、政策等方面咨询服务的能力，熟练开展知识产权及相关法律法规咨询服务。

高级培训目标：全面了解国内外知识产权发展态势，能够提供企业管理、服务贸易、技术转让等较为全面的知识产权咨询意见，具备推动重大项目决策、行业发展规划等咨询服务能力，能够独立带领团队开展定制化咨询服务。

2. 培训内容

培训模块	主要内容		
	初 级	中 级	高 级
知识产权法律知识模块	专利法基础、商标法基础、著作权法基础、商业秘密保护基础、反不正当竞争法基础、知识产权行政法规、民商法基础、诉讼法基础、知识产权相关国际条约概述、世界主要国家和地区知识产权法律法规等	知识产权司法保护、知识产权行政保护、知识产权司法解释、知识产权相关法律司法解释、知识产权诉讼典型案例分析等	知识产权立法与司法前沿问题研究、知识产权相关法律前沿问题研究、我国知识产权政策研究、我国知识产权保护制度研究、国际知识产权保护规则与发展动态、知识产权侵权问题专题等
知识产权法律咨询模块	专利申请程序基础、商标注册与续展程序、版权登记程序基础、植物新品种登记申请程序、中国知识产权保护概论、民事诉讼基础、行政诉讼基础、刑事诉讼基础、民事诉讼证据规则、行政诉讼证据规则、刑事诉讼证据规则、知识产权纠纷非诉解决机制基础等	专利申请实务、商标申请实务、版权登记实务、知识产权司法鉴定实务、知识产权诉讼实务、知识产权纠纷非诉解决机制实务、网络环境下的知识产权保护实务、知识产权尽职调查、知识产权合同撰写与法律审查、知识产权法律文书撰写等	知识产权确权典型案例研究、知识产权诉讼攻防策略、知识产权诉讼谈判策略、知识产权仲裁制度研究、国内外知识产权诉讼典型案例分析、知识产权纠纷非诉解决机制研究、国际贸易中的知识产权保护、国际知识产权保护规则与发展动态等

续表

培训模块	主要内容		
	初　级	中　级	高　级
知识产权管理咨询模块	知识产权价值评估基础、知识产权许可与转让概述、知识产权质押融资基础、企事业知识产权战略规划与实施浅析、企事业知识产权管理制度的建立、知识产权法律风险防范基础、知识产权合同概述、知识产权信息利用、商务沟通技巧等	专利技术转让实务、知识产权价值评估实务、知识产权质押融资实务、知识产权保险实务、知识产权许可与转让实务、专利导航应用、知识产权风险预警实务、企业知识产权管理规范详解、网络环境下的知识产权保护和利用、商业秘密管理、品牌营销与商标规范、商务谈判技巧等	国家重大项目知识产权决策咨询、战略性新兴产业发展规划研究、知识产权布局策略、专利导航政策与理论、企业知识产权管理制度建设研究、知识产权质押融资案例研究、知识产权资本化运营研究、知识产权转让许可案例研究、上市公司知识产权管理、国际知识产权管理前沿问题研究、知识产权服务新模式研究等
知识产权战略规划模块	知识产权基本制度和宏观政策介绍、国内外知识产权形势介绍、国家和地方知识产权战略概述、知识产权文化培育概论、国家经济发展趋势浅析等	国家知识产权战略解析、区域知识产权战略规划与实施、行业知识产权政策制定探析、企事业单位知识产权战略规划制定和实施、知识产权文化建设、知识产权标准化管理等	国内外知识产权发展形势研究、国家经济科技发展趋势及政策研究、知识产权强国建设及战略实施专题、知识产权与经济发展的融合、政府知识产权扶持政策研究、高新技术产业知识产权政策研究、文化创意产业的知识产权战略制定研究、中小微企业知识产权扶持政策研究等

3. 培训方式

以面授培训与远程培训为主开展专题培训，辅以研讨、实习、模拟教学、国际交流等其他方式开展教学。

4. 师资选择

知识产权法律知识模块建议选择具有丰富知识产权法律知识和理论基础的专家学者，国家知识产权专家库专家，全国知识产权师资信息平台师资等。

知识产权法律咨询模块建议选择具有深厚知识产权政策理论知识和法律实务经验的专家学者，具有丰富知识产权法律业务经验的法官、律师、代理人，国家知识产权专家库专家，全国知识产权师资信息平台师资等。

知识产权管理咨询模块建议选择企事业单位、高校等部门中具有丰富知识产权管理和运用经验的专家学者，国家知识产权专家库专家，全国知识产权领军人才，全国知识产权师资信息平台师资等。

知识产权战略规划模块建议选择政府机构、企事业单位、高校等部门中具有丰富知识产权战略规划与实施经验的专家学者，国家知识产权专家库专家，全国知识产权领军人才，全国知识产权师资信息平台师资等。

5. 考核方式

笔试、在线考核、论文撰写、总结报告等。

6. 课时要求

培训总课时应不少于 80 课时。每一模块的培训课时应不少于 20 课时。

（五）知识产权商用化服务从业人员

1. 培训目标

初级培训目标：了解知识产权商用化服务的职责要求，了解国内外知识产权法律法规基础知识，熟悉知识产权保护和知识产权商业利用等相关知识，掌握知识产权商业利用的基本技能。

中级培训目标：全面了解国内外知识产权法律法规和商业法律知识，熟练掌握和运用知识产权商业利用的业务技能和策略技巧，具备协助开展知识产权商务谈判的能力，具备独立开展知识产权商用化服务工作的能力素质。

高级培训目标：能够全面把握国内外知识产权发展态势，具备有效控制知识产权商业利用风险的能力，能够熟练运用知识产权商业利用策略支持和指导业务经营与战略发展，能够独立进行商务谈判，具备带领知识产权商业利用服务团队的能力素质。

2. 培训内容

培训模块	主要内容		
	初　级	中　级	高　级
知识产权法律知识模块	专利法基础、商标法基础、著作权法基础、商业秘密保护基础、反不正当竞争法基础、知识产权行政法规、民商法基础、金融法基础、诉讼法基础、知识产权相关国际条约概述、世界主要国家和地区知识产权法律法规等	我国技术转移相关法律法规、证券法、票据法、保险法、外汇管理法、担保法、仲裁法、知识产权保护制度介绍、知识产权诉讼相关典型案例分析等	科技成果转化相关政策研究、投融资政策解读、知识产权商用化法律问题研究、我国知识产权制度研究、国际知识产权规则与发展动态等

续表

培训模块	主要内容		
	初　级	中　级	高　级
知识产权商业利用模块	知识产权信息商业化运用、知识产权许可与转让概述、知识产权投融资基础、展会知识产权保护基础、知识产权评估与价值分析、知识产权营销基础、国际贸易中的知识产权保护、网络环境下的知识产权保护等	知识产权许可转让实务、知识产权评估与价值分析实务、知识产权托管、知识产权投融资实务、知识产权与金融创新、知识产权市场营销实务、商务沟通技巧等	政府知识产权扶持政策研究、知识产权转让许可典型案例研究、知识产权评估与价值分析案例研究、知识产权投融资典型案例研究、投资合作与知识产权管理、知识产权金融信用评价体系研究、公司并购与知识产权管理、知识产权服务新模式研究、大数据等新信息技术发展与服务模式、商务谈判技巧等

3. 培训方式

以面授培训与远程培训为主开展专题培训，辅以研讨、实习、模拟教学、国际交流等其他方式开展教学。

4. 师资选择

知识产权法律知识模块建议选择具有丰富知识产权法律知识和理论基础的专家学者，国家知识产权专家库专家，全国知识产权师资信息平台师资等。

知识产权商业利用模块建议选择企事业单位、高校等部门中具有丰富知识产权商业利用经验的专家学者，知识产权评估和金融服务专家，国家知识产权专家库专家，全国知识产权领军人才，全国知识产权师资信息平台师资等。

5. 考核要求

笔试、在线考核、论文撰写、总结报告等。

6. 课时要求

培训总课时应不少于 60 课时。每一模块的培训课时应不少于 30 课时。

（六）知识产权培训服务从业人员

1. 培训目标

初级培训目标：了解国内外知识产权相关法律法规，了解知识产权人才培训基本需求，掌握知识产权相关基本知识，了解知识产权培训管理流程，掌握基本教学技巧。

中级培训目标：了解国内外知识产权相关制度，掌握知识产权政策法规相关知识，熟练掌握知识产权培训技能和教学手段，具备独立开展知识产权教学的能力和一定的教学研究能力。

高级培训目标：具备深度解读国内外知识产权相关政策的能力，能够对知识产权教学提供权威指导，具备探索创新知识产权培训的能力，具备组织高水平知识产权专题教学和研究工作的能力。

2. 培训内容

培训模块	主要内容		
	初 级	中 级	高 级
知识产权专业知识模块	专利法基础、商标法基础、著作权法基础、民商法基础、诉讼法基础、商业秘密保护基础、反不正当竞争法基础、知识产权行政法规、知识产权相关国际条约概述、行业职业道德规范概述、知识产权申请确权基础、知识产权信息分析与利用、知识产权意识培养、知识产权标准化等	知识产权司法保护、知识产权行政保护、知识产权司法解释、知识产权相关法律司法解释、专利审查指南、商标审查及审理标准、知识产权诉讼典型案例分析、世界主要国家和地区知识产权法律法规、知识产权诉讼业务、知识产权非诉法律业务、知识产权执法实务、知识产权文化建设等	知识产权立法与司法前沿问题研究、知识产权相关法律前沿问题研究、我国知识产权政策研究、我国知识产权保护制度研究、国际知识产权确权规则与发展动态、国际知识产权保护规则与发展动态、知识产权侵权问题专题、知识产权经营管理、知识产权行政管理、知识产权战略规划、知识产权商业化、知识产权服务新模式研究、专利大数据分析工具应用及分析模型等
知识产权教学理论与方法模块	教育学、教育心理学、教育技术学、教学设计理论、国家知识产权人才培养政策解读、知识产权培训课程设计、知识产权培训管理浅析、知识产权教学方式与教学方法基础、知识产权教学评估方法介绍、知识产权人才信息管理等	知识产权培训管理体系的建立、知识产权培训管理技巧、中国知识产权培训现状与发展趋势、知识产权教学管理流程实例分析、高校知识产权学科建设探析、中小学知识产权教学探析等	知识产权教学研究与评估、知识产权培训管理发展趋势研究、知识产权培训网络构建与资源整合、知识产权教学方式方法研究、世界主要国家和地区知识产权培训模式研究等

3. 培训方式

以面授培训与远程培训为主开展专题培训，辅以研讨、实习、模拟教学、教学试讲、国际交流等其他方式开展教学。

4. 师资选择

知识产权专业知识模块建议选择具有丰富知识产权法律知识、理论基础和实务经验的专家学者，国家知识产权专家库专家，全国知识产权师资信息平台师资等。

知识产权教学理论与方法模块建议选择高校、社会培训机构等相关部门中具有丰富教学经验的专家学者，全国知识产权师资信息平台师资。

5. 考核方式

论文撰写、试讲演练等。

6. 课时要求

培训总课时应不少于 45 课时。知识产权专业知识模块的培训课时应不少于 25 课时，知识产权教学理论与方法模块的培训课时应不少于 20 课时。

四、针对知识产权师资的教育培训体系设计

知识产权师资包括高校师资、中小学师资和其他师资。根据培训对象的工作内容、职责要求和职业特点，按照初、中、高三级划分内容层级，形成知识产权师资的教育培训体系设计。

（一）高校师资

1. 培训目标

初级培训目标：了解国内外知识产权法律法规基础知识，了解知识产权管理、运用和保护的基础知识，了解知识产权确权基本流程，具备从事知识产权教学所要求的能力。

中级培训目标：熟悉知识产权法律法规，全面了解知识产权相关业务知识，具备一定的知识产权理论研究和案例教学能力，具备独立开展知识产权教学的能力。

高级培训目标：能够对国内外知识产权法律法规及相关政策进行深度解读，能够积极推动高校知识产权学科建设，具备针对知识产权政策导向和知识产权未来发展趋势的分析能力，具备组织高水平知识产权专题教学和研究工作的能力。

2. 培训内容

培训模块	主要内容		
	初　级	中　级	高　级
知识产权法律知识模块	专利法基础、商标法基础、著作权法基础、商业秘密保护基础、反不正当竞争法基础、知识产权行政法规、知识产权相关国际条约概述、职业道德规范概述、个人创新意识培养、法理学、民商法基础、金融法基础、科技法基础、诉讼法基础等	知识产权司法保护、知识产权行政保护、知识产权司法解释、知识产权相关法律司法解释、知识产权民事诉讼典型案例分析、知识产权行政诉讼典型案例分析、知识产权刑事诉讼典型案例分析、世界主要国家和地区知识产权法律法规等	知识产权立法与司法前沿问题研究、知识产权相关法律前沿问题研究、我国知识产权政策研究、知识产权确权规则与发展动态、我国知识产权保护制度研究、国际知识产权保护规则与发展动态、知识产权侵权问题专题等

续表

培训模块	主要内容		
	初　级	中　级	高　级
知识产权战略规划培训模块	知识产权基本制度和宏观政策介绍、国内外知识产权形势介绍、国家和地方知识产权战略概述、企事业单位知识产权战略规划浅析、知识产权文化培育概论、国家经济发展趋势浅析等	国家知识产权战略解析、区域知识产权战略规划与实施、行业知识产权政策制定探析、企事业单位知识产权战略规划制定和实施、知识产权文化建设、知识产权标准化管理等	国内外知识产权发展形势研究、知识产权强国建设及战略实施专题、战略性新兴产业发展规划研究、政府知识产权扶持政策研究、企事业单位知识产权战略实例分析、高新技术产业知识产权政策研究、中小微企业知识产权扶持政策研究等
知识产权诉讼业务培训模块	中国知识产权保护概论、民事诉讼基础、行政诉讼基础、刑事诉讼基础、民事诉讼证据规则、行政诉讼证据规则、刑事诉讼证据规则等	知识产权民事诉讼实务、知识产权行政诉讼实务、知识产权刑事诉讼实务、知识产权侵权判定实务、知识产权合同纠纷浅析、知识产权诉讼文书撰写、知识产权诉讼证据调查实务、知识产权民事及行政诉讼案例解析、网络环境下的知识产权保护实务等	知识产权诉讼攻防策略、知识产权诉讼谈判策略、知识产权侵权纠纷研究、知识产权合同纠纷研究、知识产权仲裁制度研究、国内外知识产权诉讼典型案例分析、国际贸易中的知识产权保护等

续表

培训模块	主要内容		
	初 级	中 级	高 级
知识产权非诉业务培训模块	专利申请程序基础、商标注册与续展程序、版权登记程序基础、植物新品种登记申请程序、知识产权法律顾问业务概述、知识产权法律风险防范基础、知识产权纠纷非诉解决机制基础、知识产权合同概述、知识产权法律文书撰写基础等	专利申请实务、商标申请实务、版权登记实务、知识产权司法鉴定实务、知识产权尽职调查、知识产权侵权风险防范、知识产权纠纷非诉解决机制实务、知识产权合同撰写与法律审查、知识产权有关法律文书撰写等	知识产权确权典型案例研究、知识产权纠纷非诉解决机制研究、企业并购中的知识产权问题研究、客户沟通技巧等
知识产权经营管理培训模块	企事业知识产权管理基础、知识产权价值评估基础、知识产权许可与转让概述、知识产权质押融资基础、知识产权信息检索利用等	专利技术转让实务、知识产权价值评估实务、知识产权质押融资实务、知识产权保险实务、知识产权许可与转让实务、专利导航应用、企业知识产权管理规范详解、网络环境下的知识产权保护和利用、商业秘密管理、品牌营销与商标规范、商务沟通技巧等	国家重大项目知识产权决策咨询、知识产权布局策略、专利导航政策与理论、企业知识产权管理制度建设研究、知识产权质押融资案例研究、知识产权资本化运营研究、知识产权转让许可案例研究、上市公司知识产权管理、国际知识产权管理前沿问题研究、商务谈判技巧等

续表

培训模块	主要内容		
	初　级	中　级	高　级
知识产权教学方式方法模块	教育学、教育心理学、教育技术学、教学设计理论、知识产权教学方式方法基础、知识产权教学评估方法介绍、知识产权教学辅导手段和方法概述等	国家知识产权人才培养政策解读、知识产权教育现状与发展趋势、高校知识产权学科建设探析、知识产权教学课程设计、高校知识产权精品课程建设、知识产权教学方法方式创新等	知识产权教学研究与评估、知识产权学科建设发展趋势研究、知识产权教育网络构建与资源整合、知识产权教学方式方法研究、世界主要国家和地区知识产权高等教育模式研究等

3. 培训方式

以面授培训与远程培训为主开展专题培训，辅以研讨、模拟教学以及国际交流等方式开展教学。

4. 师资选择

知识产权法律知识模块建议选择具有丰富知识产权法律知识和理论基础的专家学者，国家知识产权专家库专家，全国知识产权师资信息平台师资等。

知识产权战略规划培训模块建议选择政府机构、企事业单位、高校等部门中具有丰富知识产权战略规划与实施经验的专家学者，国家知识产权专家库专家，全国知识产权领军人才，全国知识产权师资信息平台师资等。

知识产权诉讼业务培训模块建议选择具有丰富知识产权法律知识的高校师资，具有丰富知识产权诉讼经验的法官、律师、代理人，全国知识产权师资信息平台师资等。

知识产权非诉业务培训模块建议选择政府机构、企事业单位、高校等部门中具有深厚知识产权政策理论知识和知识产权管理实务经验的专家学者，具有丰富知识产权非诉业务经验的律师、代理人，国家知识产权专家库专家，全国知识产权师资信息平台师资等。

知识产权经营管理培训模块建议选择企事业单位、高校等部门中具有丰富知识产权管理和运用经验的专家学者，国家知识产权专家库专家，全国知识产权领军人才，全国知识产权师资信息平台师资等。

知识产权教学方法方式模块建议选择高校、社会培训机构等相关部门中具有丰富教学经验的专家学者，全国知识产权师资信息平台师资等。

5. 考核方式

笔试、在线考核、试讲演练、论文撰写、总结报告等。

6. 课时要求

培训总课时应不少于 180 课时。每一模块的培训课时应不少于 30 课时。

（二）中小学师资

1. 培训目标

了解我国知识产权法律法规和知识产权保护的基础知识，具备开展知识产权创新意识培养的教学能力，能够独立开展针对中小学生的知识产权教学工作。

2. 培训内容

培训模块	主要内容
创新意识培养模块	知识产权法律基础、知识产权侵权行为概述、中国知识产权保护现状、知识产权案例分析、知识产权强国建设及战略实施专题、创新与发明、发明家的故事等
知识产权教学方式方法模块	知识产权教学方式方法基础、教育工具与手段创新、知识产权培训课程设计、中小学知识产权课程设置指导等

3. 培训方式

以面授培训与远程培训为主开展专题培训，辅以研讨、模拟教学等方式开展教学。

4. 师资选择

创新意识培养模块建议选择具有丰富知识产权法律知识和理论基础的专家学者，国家知识产权专家库专家，全国知识产权师资信息平台师资，全国知识产权百名高层次人才等。

知识产权教学方式方法模块建议选择高校、社会培训机构等相关部门中具有丰富教学经验的专家学者，全国知识产权师资信息平台师资等。

5. 考核方式

试讲演练、论文撰写、总结报告等。

6. 课时要求

培训总课时应不少于 10 课时。每一模块的培训课时应不少于 5 课时。

（三）其他师资

1. 培训目标

初级培训目标：了解国内外知识产权法律法规基础知识，了解知识产权管理、运用和保护的基础知识，掌握知识产权确权基本流程，了解知识产权实践基本需求，具备从事知识产权教学工作的基本能力。

中级培训目标：熟悉知识产权法律法规，全面了解知识产权相关业务知识，具备一定的知识产权理论研究和案例教学能力，具备独立开展知识产权教学的能力。

高级培训目标：能够对国内外知识产权相关政策进行深度解读，能够积极推动高校知识产权学科建设，具备针对知识产权政策导向和知识产权未来发展趋势的分析能力，具备组织高水平知识产权专题教学和研究工作的能力。

2. 培训内容

培训模块	主要内容		
	初　级	中　级	高　级
知识产权法律知识模块	专利法基础、商标法基础、著作权法基础、商业秘密保护基础、反不正当竞争法基础、知识产权相关国际条约概述、知识产权相关法律法规基础等	知识产权司法保护、知识产权行政保护法律法规、行政处罚法、行政诉讼法、专利复审与无效实务、知识产权典型案例分析、世界主要国家和地区知识产权法律法规等	知识产权立法与司法前沿问题研究、国际知识产权保护规则与发展动态、知识产权侵权专题等

续表

培训模块	主要内容		
	初　级	中　级	高　级
知识产权战略规划模块	知识产权基本制度和宏观政策介绍、国内外知识产权形势介绍、国家和地方知识产权战略概述、企事业单位知识产权战略规划浅析、知识产权文化培育概论、国家经济发展趋势浅析等	国家知识产权战略解析、区域知识产权战略规划与实施、行业知识产权政策制定探析、企事业单位知识产权战略规划制定和实施、知识产权文化建设、知识产权标准化管理等	国内外知识产权发展形势研究、知识产权强国建设及战略实施专题、政府知识产权扶持政策研究、企事业单位知识产权战略建设实例分析、高新技术产业知识产权政策研究、中小微企业知识产权扶持政策研究等
知识产权法律实务模块	中国知识产权保护概论、民事诉讼基础、行政诉讼基础、刑事诉讼基础、民事诉讼证据规则、行政诉讼证据规则、刑事诉讼证据规则、专利申请程序基础、商标注册与续展程序、版权登记程序基础、植物新品种登记申请程序、知识产权信息检索基础、知识产权法律风险防范基础、知识产权合同概述、知识产权法律文书撰写基础等	知识产权民事诉讼实务、知识产权行政诉讼实务、知识产权刑事诉讼实务、知识产权侵权判定实务、知识产权合同纠纷浅析、专利申请实务、商标申请实务、版权登记实务、知识产权司法鉴定实务、知识产权诉讼文书撰写、知识产权有关法律文书撰写等	知识产权诉讼攻防策略、知识产权诉讼谈判策略、知识产权侵权纠纷研究、知识产权合同纠纷研究、知识产权仲裁制度研究、国内外知识产权诉讼典型案例分析、国际贸易中的知识产权保护等

续表

培训模块	主要内容		
	初　级	中　级	高　级
知识产权经营管理模块	知识产权价值评估基础、知识产权许可与转让概述、知识产权质押融资基础、企事业知识产权战略规划与实施浅析、企事业知识产权管理制度的建立、知识产权法律风险防范基础、知识产权合同概述、知识产权信息利用等	专利技术转让实务、知识产权质押融资实务、知识产权许可与转让实务、知识产权风险预警实务、企业知识产权管理规范详解、网络环境下的知识产权保护和利用、商业秘密管理、知识产权尽职调查、知识产权合同撰写与法律审查、知识产权法律文书撰写、商务沟通技巧等	国家重大项目知识产权决策咨询、战略性新兴产业发展规划研究、知识产权确权典型案例研究、知识产权布局策略、知识产权转让许可案例研究、企业知识产权管理制度建设研究、知识产权质押融资案例研究、知识产权资本化运营研究、知识产权转让许可案例研究、上市公司知识产权管理、国际知识产权管理前沿问题研究、商务谈判技巧等
知识产权教学理论与方法模块	教育学、教育心理学、教育技术学、教学设计理论、知识产权培训课程设计、知识产权教学方式与教学方法基础等	国家知识产权人才培养政策解读、知识产权培训现状与发展趋势、高校知识产权学科建设探析、中小学知识产权教学探析等	知识产权教学方式方法研究、世界主要国家和地区知识产权培训模式研究等

3. 培训方式

以面授培训与远程培训为主开展专题培训，辅以研讨、模拟教学、国际交流等其他方式开展教学。

4. 师资选择

知识产权法律知识模块建议选择具有丰富知识产权法律知识和理论基础的专家学者，国家知识产权专家库专家，全国知识产权师资信息平台师资等。

知识产权战略规划培训模块建议选择政府机构、企事业单位、高校等部门中具有丰富知识产权战略规划与实施经验的专家学者，国家知识产权专家库专家，全国知识产权领军人才，全国知识产权师资信息平台师资等。

知识产权法律实务模块建议选择政府机构、企事业单位、高校等部门中具有深厚知识产权政策理论知识和知识产权管理实务的专家学者，具有丰富知识产权非诉业务经验的律师、代理人，国家知识产权专家库专家，全国知识产权师资信息平台师资等。

知识产权经营管理模块建议选择企事业单位、高校等部门中具有丰富知识产权管理和运用经验的专家学者，国家知识产权专家库专家，全国知识产权领军人才，全国知识产权师资信息平台师资等。

知识产权教学理论与方法模块建议选择高校、社会培训机构等相关部门中具有丰富教学经验的专家学者，全国知识产权师资信息平台师资。

5. 考核方式

笔试、在线考核、试讲演练、论文撰写、总结报告等。

6. 课时要求

培训总课时应不少于100课时。每一模块的培训课时应不少于20课时。

五、针对领导干部的教育培训体系设计

领导干部培训对象包括各级党政部门领导、企事业单位负责人等，根据培训对象的工作内容、职责要求和职业特点，形成领导干部的教育培训体系设计。

1. 培训目标

了解我国知识产权法律法规的基本内容，掌握国家经济发展和科技创新等方面的宏观政策，熟悉国家知识产权战略实施、知识产权强国建设等工作情况，具备对相关领域知识产权事务的宏观指导和科学决策能力。

2. 培训内容

培训模块	主要内容
知识产权基本知识模块	知识产权法律基础、知识产权相关政策解读、中国知识产权保护现状、知识产权行政保护基础、知识产权司法保护体系介绍、知识产权文化建设等
知识产权战略规划模块	知识产权强国建设、国家知识产权战略解析、区域和行业知识产权战略规划与实施、国内外知识产权发展形势研究、国家经济科技发展趋势及政策研究、知识产权与经济发展的融合、专利导航应用与研究、中小微企业知识产权扶持政策研究等

3. 培训方式

以面授培训与远程培训为主开展专题培训，辅以研讨、国际交流等其他方式开展教学。

4. 师资选择

知识产权基本知识模块建议选择具有丰富知识产权法律知识和理论基础的专家学者，国家知识产权专家库专家，全国知识产权师资信息平台师资等。

知识产权战略规划模块建议选择政府机构、企事业单位、高校等部门中具有丰富知识产权战略规划与实施经验的专家学者，国家知识产权专家库专家，全国知识产权领军人才，全国知识产权师资信息平台师资等。

5. 考核方式

总结报告等。

6. 课时要求

培训总课时应不少于 6 课时。每一模块的培训课时应不少于 3 课时。

六、针对社会公众的教育培训体系设计

社会公众培训对象包括高等院校学生、中小学生、新闻媒体人员及其他社会公众。根据培训对象特点制定相应的学习内容，形成社会公众的教育培训体系设计。

（一）高等院校学生

1. 培训目标

了解知识产权法律法规、申请确权等相关基础知识，具备知识产权创新和保护意识，充分了解知识产权同科技及经济社会发展的紧密关系。

2. 培训内容

培训模块	主要内容
知识产权基础知识模块	知识产权强国建设、知识产权法律基础、知识产权申请与审批流程介绍、知识产权信息利用、知识产权侵权与保护、知识产权文化建设、知识产权与经济发展的融合、大学生创新思维与创新意识培养、知识产权与大学生创业等

3. 培训方式

以面授培训与远程培训相结合的方式开展教学。

4. 师资选择

建议选择高校、政府机构、企事业单位等部门中具有丰富知识产权法律知识、理论基础和实务经验的专家学者。

5. 考核方式

笔试、在线考核、论文撰写、总结报告等。

6. 课时要求

培训总课时应不少于 10 课时。

（二）中小学生

1. 培训目标

具备基本的知识产权创新和保护意识，培养对于发明创造和知识产权相关知识的兴趣认识。

2. 培训内容

培训模块	主要内容
知识产权意识培养模块	中小学发明创造与知识产权、发明家的故事、创新思维与创新意识培养、知识产权文化培养等

3. 培训方式

以面授培训与远程培训相结合的方式开展教学。

4. 师资选择

建议选择具有知识产权基础知识和教学经验的中小学师资。

5. 考核方式

无

6. 课时要求

培训总课时应不少于 3 课时。

（三）新闻媒体人员

1. 培训目标

了解我国知识产权法律政策体系的基本内容，准确把握国家经济发展和科技创新等方面的宏观政策，熟悉国家知识产权战略实施、知识产权强国建设等进展情况，具备宣传普及知识产权意识、客观准确报道知识产权工作的能力，能够对知识产权热点焦点问题进行深入分析评论，积极宣传知识产权事业取得的成就和进展。

2. 培训内容

培训模块	主要内容
知识产权基本知识模块	知识产权法律基础、知识产权相关政策解读、中国知识产权保护现状、知识产权工作发展趋势、知识产权行政保护基础、知识产权司法保护体系介绍、知识产权文化建设、媒体报道知识等
知识产权战略规划模块	知识产权强国建设、国家知识产权战略解析、区域和行业知识产权战略规划与实施、国内外知识产权发展形势研究、国家经济科技发展趋势及政策研究、知识产权与经济发展的融合、专利导航应用与研究、中小微企业知识产权扶持政策研究等

3. 培训方式

以面授培训与远程培训为主开展专题培训，辅以研讨、国际交流等其他方式开展教学。

4. 师资选择

知识产权基本知识模块建议选择具有丰富知识产权法律知识和理论基础的专家学者，国家知识产权专家库专家，全国知识产权师资信息平台师资，具有扎实知识产权宣传报道经验的媒体人员等。

知识产权战略规划模块建议选择政府机构、企事业单位、高校等部门中具有丰富知识产权战略规划与实施经验的专家学者，国家知识产权专家库专家，全国知识产权领军人才，全国知识产权师资信息平台师资等。

5. 考核方式

总结报告等。

6. 课时要求

培训总课时应不少于6课时。每一模块的培训课时应不少于3课时。

（四）其他社会公众

1. 培训目标

了解知识产权法律法规和知识产权相关基础知识，具备知识产权创新与保护的法律意识。

2. 培训内容

培训模块	主要内容
创新意识培养模块	知识产权概论、创新思维与创新意识培养、知识产权文化培养等

3. 培训方式

以面授培训与远程培训相结合的方式开展培训。

4. 师资选择

建议选择具有丰富知识产权法律知识和理论基础的专家学者，国家知识产权专家库专家，全国知识产权师资信息平台师资，全国知识产权百名高层次人才等。

5. 考核方式

总结报告等。

6. 课时要求

培训总课时应不少于3课时。